Arte em papel

Arte em papel

25 projetos contemporâneos para sua casa

Clare Youngs

Dedicado a meus quatro filhos, Milly, Florence, Henrietta e Harvey, sem os quais este livro poderia ter sido publicado muitos anos antes, mas não teria sido tão divertido fazê-lo!

Aviso: a editora não se responsabiliza por quaisquer acidentes ou danos causados pelo uso de qualquer objeto citado neste livro ou decorrentes da realização de qualquer um dos projetos.

Título original em inglês: *Stylish papercraft: 25 contemporary projects for your home*

1ª edição publicada na Grã-Bretanha em 2009 pela Hamlyn, um selo do Octopus Publishing Group Ltd
2–4 Heron Quays, Londres E14 4JP

Copyright © Octopus Publishing Group Ltd 2009
Copyright do texto © Clare Youngs 2009

Tradução: Sueli Rodrigues Coelho
Revisão: Depto. editorial da Editora Manole
Diagramação: Depto. editorial da Editora Manole

Dados Internacionais de Catalogação na Publicação (CIP)
(Câmara Brasileira do Livro, SP, Brasil)

Youngs, Clare
 Arte em papel : 25 projetos contemporâneos para sua casa / Clare Youngs ; [tradução Sueli Rodrigues Coelho]. -- Barueri, SP : Manole ; Londres : Octopus Publishing Group, 2010.

 Título original: Stylish papercraft : 25 contemporary projects for your home.
 ISBN 978-85-204-2973-0

 1. Artesanato 2. Artes decorativas 3. Trabalhos em papel I. Título.

09-09292   CDD-745.54

Índices para catálogo sistemático:
1. Arte em papel : Artesanato : Artes decorativas
  745.54
2. Artesanato em papel : Artes decorativas
  745.54

Todos os direitos reservados.
Nenhuma parte deste livro poderá ser reproduzida, por qualquer processo, sem a permissão expressa dos editores. É proibida a reprodução por xerox.

A Editora Manole é filiada à ABDR — Associação Brasileira de Direitos Reprográficos

Edição brasileira — 2010

Direitos em língua portuguesa adquiridos pela:
Editora Manole Ltda.
Av. Ceci, 672 — Tamboré
06460-120 — Barueri — SP — Brasil
Tel.: (11) 4196-6000 — Fax: (11) 4196-6021
www.manole.com.br
info@manole.com.br

Impresso e encadernado na China
Printed and bound in China

Sumário

Introdução **6**

Ferramentas e materiais **8**

Técnicas de arte em papel **10**

Flores e enfeites **12**

Impressos e recortes **50**

Objetos de decoração **84**

Moldes **118**

Índice remissivo **127**

Agradecimentos **128**

Introdução

O papel, este material tão comum e ao mesmo tempo tão extraordinário, é algo que passa despercebido em nossas vidas. Escrevemos, lemos e até embrulhamos nossa comida em papel, além de imprimir toneladas de folhas diariamente. No entanto, desde que os chineses inventaram o papel em 200 a.C., as pessoas deixaram de enxergá-lo apenas como um meio de carregar informações e passaram a criar peças de artesanato úteis e lindamente decoradas, cortando, dobrando e colando papel.

Durante séculos o papel tem embelezado nossas vidas: pense nas pipas japonesas (takô), nas coloridas "bandeirinhas" mexicanas recortadas em papel de seda (papel cortado), nas silhuetas de papel do sul da Ásia — essa é uma forma de arte que tem sido adotada em festividades, comemorações e cerimônias ao redor do mundo. Os artesãos em atividade hoje em dia utilizam habilidades que foram passadas de geração a geração, da arte da découpage presente na elegante mobília da Itália do século XVIII aos elaborados recortes de papel da China. E os designers continuam descobrindo novas formas de expressar a criatividade por meio do papel: roupas, bijuterias, mobília — os limites estão constantemente se expandindo.

Em um mundo onde nossos recursos devem ser conservados, é importante sermos capazes de utilizar material reciclado, e é exatamente isso que os projetos deste livro possibilitam. Se examinar seu lixo reciclável ao fim de uma semana, você será capaz de recuperar pedaços de papel-cartão que podem ser utilizados como base para alguns dos projetos. Olhe mais atentamente para os rótulos das embalagens de comida ou mesmo para os folders e demais propagandas que chegam pelos correios: parte deles pode conter cores ou letras interessantes que você pode utilizar. Se fizer suas compras em um mercado, peça o papel de seda que embala as frutas mais delicadas. Em sebos e quaisquer outras lojas de produtos usados, procure por mapas velhos, livros e em particular partituras antigas, que costumam ter uma tipografia maravilhosa nas capas. Guarde pedaços de papel de presente, e arranque as folhas não utilizadas de livros de exercício velhos para transformá-las em algo único feito à mão.

A decoração de interiores abandonou o minimalismo dos anos 1990. Hoje, a ideia é criar um espaço personalizado que diga algo sobre cada pessoa como indivíduo. Esses projetos permitirão que você personalize sua casa. A técnica pode ser antiga, mas com papel podem-se criar peças contemporâneas e com muito estilo para modernizar um ambiente, criar pontos focais surpreendentes ou oferecer um presente original.

Os projetos são classificados pelo nível de dificuldade de 1 a 4 e variam dos muito simples (por exemplo, o varal de pompons na p. 14) até os mais desafiadores (como o porta-retrato decorado na p. 102). Seja qual for o projeto que escolher, ele fará com que você veja o papel sob uma nova luz. Conforme for desenvolvendo suas próprias ideias e estilo, seus olhos se abrirão para infinitas possibilidades de um material que é barato e facilmente disponível para todos. Não tenha medo de adaptar os trabalhos e experimentar coisas novas: você se surpreenderá com o que pode conseguir!

Ferramentas e materiais

Para executar os trabalhos neste livro, serão necessários alguns equipamentos essenciais, disponíveis em papelarias, lojas de materiais para artesanato ou lojas de ferragens. Uma grande variedade de papel comum e papel-cartão de diversos tipos e gramaturas pode ser obtida em lojas similares, e você também pode usar sua criatividade com material reciclado.

Ferramentas

O artesanato em papel não exige que se compre um monte de equipamentos caros. Todas as ferramentas necessárias para executar os trabalhos estão listadas no quadro ao lado. Além disso, existem algumas outras ferramentas que são úteis, mas não essenciais. Uma dobradeira de osso é uma espécie de espátula que se usa para marcar uma dobra e torná-la mais vincada. Um pincel macio é útil para limpar os pedacinhos de borracha espalhados ao apagar marcas de lápis. Prendedores de roupa comuns também são úteis para manter as peças coladas no lugar enquanto secam.

Furadores

Para alguns dos projetos deste livro, você precisará de um furador. Existem vários tipos, que podem ser comprados em lojas de materiais para artesanato. Um furador simples é um tubo de metal com pontas substituíveis. Para fazer um furo, posicione a ponta do furador sobre o papel e bata com um martelo na base. Esse tipo de furador permite que o furo seja posicionado com bastante precisão, o que é útil em trabalhos com furos decorativos, como as luminárias de cartolina branca (ver p. 114).

Também há um tipo de furador rotativo, com pontas perfurantes presas a uma roda. Você posiciona a ponta e então pressiona os braços do furador (como faria com um alicate) para fazer o furo. Tanto o furador simples como o rotativo são baratos, mas você também pode comprar furadores mais elaborados com várias pontas substituíveis, que podem ser pressionados com a palma de sua mão para fazer o furo. Esses costumam ser caros, mas têm várias utilidades.

Um furador simples com pontas substituíveis de três tamanhos diferentes (como 1,5 mm, 3 mm e 4,5 mm) funcionará bem para todos os trabalhos apresentados neste livro.

8 Arte em papel

Colas e fitas adesivas

Os projetos deste livro exigem tipos diferentes de cola ou fita adesiva — alguns casos necessitam de dois tipos de cola além de uma fita. Estes são os tipos mais recomendados para os projetos:

- cola em bastão do tipo transparente — desliza com facilidade e aparentemente nunca fica obstruída;
- cola de PVA — uma cola branca que fica transparente e maleável ao secar; é bastante útil;
- cola transparente, resistente e de secagem rápida (tipo Super Bonder®) — um tubo desse tipo é essencial; ela é geralmente necessária para colar algo em determinada posição enquanto seca, antes de passar para a próxima etapa;
- cola em spray — utilizada em alguns dos projetos; siga as instruções de segurança do fabricante e use sempre uma máscara; é recomendável utilizar a cola em spray em ambientes externos; se tiver que utilizar dentro de casa, assegure-se de forrar o local com jornal e abrir as janelas;
- fitas adesivas — fita dupla face e fita crepe são utilizadas com frequência; a fita comum de celofane (tipo Durex®), de vez em quando.

Materiais

Os projetos deste livro usam papéis comuns e papéis-cartão de diferentes gramaturas. O papel comum e o papel-cartão são medidos em g/m² (gramas por metro quadrado) e, quanto maior a gramatura, mais grosso é o papel. Para um trabalho que exija um papel grosso, como papel para desenho, procure um com cerca de 120 g/m². Para um papel-cartão fino (cartolina), escolha um com aproximadamente 160 g/m², e para um papel-cartão grosso escolha uma gramatura de 200 g/m² ou mais.

As opções de tipos de papéis são amplas. Fabricantes de papéis de todo o mundo estão sempre lançando tipos novos e interessantes, prontamente disponíveis para o mercado. Escolha entre os papéis texturizados, feitos à mão, da Índia, China, México e Egito, e os papéis finamente decorados, marmorizados e estampados da Itália ou França. Os papéis japoneses washi têm uma rica variedade de cores, e os papéis chiyogami são lindamente estampados. Você pode comprar papéis camurça, com aplicações de pétalas de flores, translúcidos, bordados e metálicos.

Conforme explora as possibilidades do artesanato em papel, você poderá experimentar tipos diferentes de papel comprados e reciclados para complementar e aprimorar seus projetos e criar algo realmente único. Uma vez envolvido com a arte em papel, as oportunidades para criar peças interessantes são infinitas.

Ferramentas essenciais

Tesouras (1 grande e 1 pequena para cortes delicados)
Estilete
Base de corte
Furador para três tamanhos de furos
Martelo (se utilizar o furador simples)
Régua
Esquadro
Faca de mesa para vincar
Lápis: 2H (duro) e HB (macio)
Apontador
Borracha
Grampeador

Ferramentas e materiais 9

Técnicas de arte em papel

Uma das melhores coisas do artesanato em papel é que ele não exige o uso de técnicas complicadas. No entanto, você precisará utilizar moldes (algumas vezes ampliando-os até o tamanho desejado) e cortar, vincar e dobrar com precisão. Algumas dicas são apresentadas a seguir.

Ampliar os moldes

Alguns dos moldes impressos nas páginas 118 a 126 precisam ser ampliados por fotocópia. Se for esse o caso, a porcentagem de ampliação necessária será fornecida. Se não tiver acesso a uma fotocopiadora, você pode ampliar os moldes à mão. Primeiro, desenhe o molde em papel quadriculado utilizando a técnica descrita a seguir. Então, em um papel branco maior, desenhe uma grade com a mesma quantidade de quadrados, mas ampliados na porcentagem adequada. Você pode então ampliar o molde à mão, copiando as linhas em cada quadrado do papel quadriculado dentro do quadrado correspondente na grade maior.

Para a lateral maior do móbile de aviões (ver p. 72), os moldes precisam ser aumentados em segmentos, como no molde dos cubos monocromáticos para fotografias (ver p. 76). Os projetos trazem instruções sobre como fazer isso.

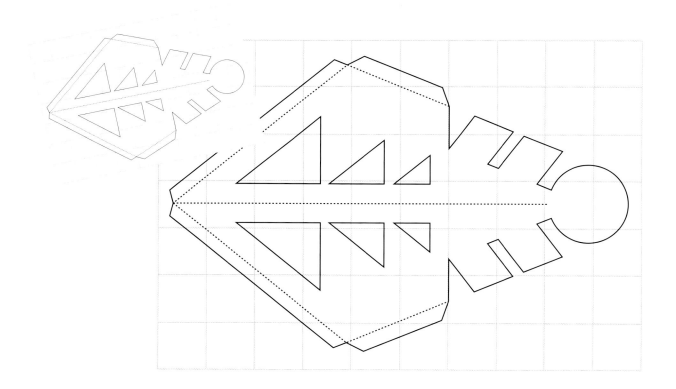

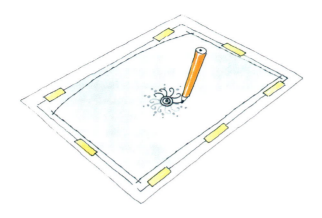

Traçar

Muitos dos projetos exigem que você transfira um molde (ver p. 118-26) para o papel comum ou papel-cartão escolhido. Para fazer isso, prenda um papel vegetal sobre o modelo com fita crepe. Trace as linhas com um lápis duro (2H). Solte o papel vegetal, vire-o do avesso e, com um lápis mais macio (HB), trace por cima das linhas. Depois vire o papel vegetal novamente e prenda-o na posição desejada sobre o papel comum ou papel-cartão com a fita crepe. Trace as linhas novamente com um lápis duro (o lápis duro nesse momento proporciona uma linha mais bem definida). Remova o papel vegetal; você poderá ver as linhas do molde sobre o papel-cartão.

Quando um molde é grande, com vários cantos e linhas retas, é mais fácil furar o papel vegetal com um alfinete em todos os pontos de junção, depois removê-lo e ligar as marcas do alfinete com um lápis bem apontado e uma régua.

No caso do papelão, geralmente é impossível cortá-lo de uma só vez. Aplique uma pressão no primeiro corte e então repita até que tenha atravessado toda a espessura.

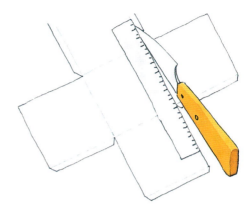

Vincar

Vincar é uma parte importante do artesanato em papel. Geralmente é melhor desenhar uma linha com um lápis duro bem apontado. Posicione uma régua de metal sobre a linha e, usando o lado cego de uma faca de mesa, vinque a linha, mantendo a lâmina em contato com a régua.

Para o porta-cartas de papel ondulado (ver p. 80), é necessário um tipo diferente de vinco. Nesse caso, o lado afiado de um estilete é passado de leve sobre a superfície do papel-cartão apenas para rompê-la, sem atravessá-la.

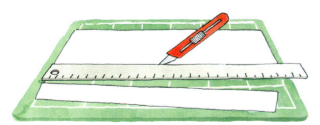

Cortar

Quando utilizar uma tesoura, sempre mova o papel e não a tesoura, para ter mais controle.

Algumas vezes é mais fácil cortar com um estilete. Verifique se a lâmina está afiada e sempre coloque uma base de corte sob o papel-cartão. Ao cortar linhas retas, use uma régua de metal e assegure-se de que a lâmina esteja em contato com a régua o tempo todo. Corte em sua direção, aplicando pressão por igual por toda a extensão do corte.

Dobrar

Faça as dobras na direção oposta a você, alinhando as bordas do papel-cartão cuidadosamente. Aperte a dobra com a palma de sua mão. Para conseguir uma linha mais marcada, utilize uma dobradeira de osso para pressionar. Às vezes, é necessário fazer um corte ao longo da dobra para romper a superfície do papel-cartão (ver Vincar, acima).

Técnicas de arte em papel

Flores e enfeites

Varal de pompons	14
Luminária de flores	18
Peixe voador oriental	22
Lamparinas	26
Cascata prateada	30
Móbile de pássaros	34
Porta-anéis	38
Enfeites de Natal	42
Piñata festiva	46

Nível de dificuldade

Ferramentas e materiais
Papel de seda, 50 x 38 cm para cada pompom
Lápis (2H e HB)
Régua
Tesoura
Estilete
Base de corte
Papel colorido liso, 4 x 2,5 cm para cada pompom
Cola resistente de secagem rápida (tipo Super Bonder®)
Molde da página 118
Papel vegetal
Fita crepe
Papel estampado, 18 x 4 cm por tira
Barbante no comprimento do varal pronto

Este adorno, feito com papel de seda colorido e tiras de papel em cores contrastantes, torna o ambiente bem festivo. Ele pode ser feito no comprimento que desejar. Se estiver dando uma festa, pendure-o em todo o salão; se estiver recebendo amigos para um jantar, use-o ao redor da mesa.

Varal de pompons

1 Para fazer o primeiro pompom, dobre o papel de seda ao meio no comprimento, ao meio novamente, e mais uma vez. Em seguida, dobre essa folha ao meio na largura.

2 Trabalhando na direção da última dobra, corte seis tiras com cerca de 8 mm de largura cada uma. Corte também as laterais externas, para que não haja tiras com o dobro da largura. Ao cortar, pare a tesoura cerca de 4 cm de distância da dobra central.

3 Abra a folha novamente na largura e então dobre ao meio no comprimento e ao meio mais uma vez, de modo que reste uma base central fina com uma franja de cada lado.

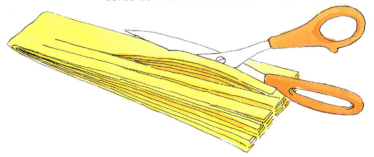

4 Dobre a folha ao meio para formar um pompom. Corte uma faixa de papel colorido na medida 4 x 2,5 cm. Prenda o pompom dobrando a base central e enrolando sobre ela a faixa de papel a uma distância de aproximadamente 1 cm da extremidade superior. Finalize com uma gota de cola.

5 Movimente as pontas do pompom, deixando-as bem espalhadas. Repita o processo para fazer quantos pompons forem necessários.

6 Faça então as tiras decorativas. Trace o molde da página 118 e transfira-o para o papel estampado (ver Traçar, p. 11). Corte quantas tiras forem necessárias com uma tesoura ou com um estilete sobre uma base de corte.

7 Monte o varal. Passe o barbante nas extremidades dos pompons, alternando-os com as tiras decorativas. Para prender as tiras, dobre cada uma sobre o barbante e cole as pontas (que devem ficar para baixo).

Flores e enfeites 17

Nível de dificuldade

Ferramentas e materiais
Cola em spray
Papel estampado, 20 x 8 cm para cada flor
Cartolina branca, 20 x 8 cm para cada flor
Moldes da página 119
Papel vegetal
Fita crepe
Lápis (2H e HB)
Tesoura
Estilete
Régua
Base de corte
Luminária

Use a cúpula de uma luminária da qual já esteja cansada e personalize-a para criar este projeto único e sensacional. Você pode usar pequenos recortes de papel de presente e restos de papel de outros projetos. As flores são fáceis de fazer; você pode criá-las em outras ocasiões para enfeitar pacotes de presentes.

Luminária de flores

1 Aplique a cola em spray no papel estampado de cada flor e cole-o no pedaço de cartolina branca.

2 Trace os moldes das três pétalas e do miolo da flor da página 119 e transfira-os para o papel estampado (ver Traçar, p. 11). Corte duas pétalas de cada tipo e um miolo para cada flor. Recorte as fendas nas pétalas.

20   Arte em papel

3 Pegue o miolo e corte uma franja no local mostrado no molde. Dobre-o ao meio com a estampa voltada para dentro.

6 Usando o estilete, faça pequenas fendas por toda a cúpula da luminária, a uma distância de aproximadamente 5,5 cm uma da outra, para segurar as flores. Passe o cabo de cada miolo através da fenda. A espessura do cabo o manterá na posição. Continue encaixando as flores até que a cúpula esteja coberta. Ao colocá-la sobre a base da luminária, use uma lâmpada de no máximo 60 W.

4 Encaixe as pétalas no miolo uma de cada vez. Assegure-se de colocá-las na ordem: intercale as pétalas com fendas de ângulos diferentes a fim de que se espalhem em volta do miolo.

5 Movimente as franjas do miolo, deixando-as bem espalhadas. Dobre levemente cada pétala na direção do miolo para obter o formato de flor.

Flores e enfeites

Nível de dificuldade

Ferramentas e materiais
1 folha de papel de seda branco, 50 x 76 cm
Lápis (2H e HB)
Tesoura
Régua
Estilete
Base de corte
Papel-cartão branco, comprimento da boca do peixe x 1 cm
Cola em bastão
Fita dupla face
Moldes da página 119
Papel vegetal
Fita crepe
Papel de seda em cores diferentes
Papel dourado fino
Furador
Barbante

Birutas ornamentais têm uma longa tradição na China e no Japão, onde são consideradas um símbolo de boa sorte. No Japão elas são chamadas de koinobori e são expostas todos os anos no Dia das Crianças. As birutas podem fazer parte de uma original decoração de festa, especialmente durante o verão, quando ficam maravilhosas penduradas nos galhos das árvores.

Peixe voador
oriental

1 Dobre o papel de seda branco ao meio. Seguindo a ilustração, desenhe o formato de um peixe à mão livre no papel. Corte no formato do desenho.

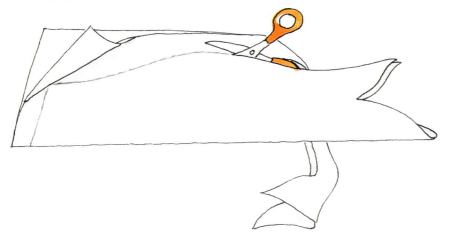

2 Abra o papel de seda. Meça o comprimento da extremidade da cabeça e corte um pedaço de papel-cartão no mesmo comprimento com 1 cm de largura. Usando uma cola em bastão, cole o papel-cartão ao longo do papel de seda para formar a parte interna da boca do peixe.

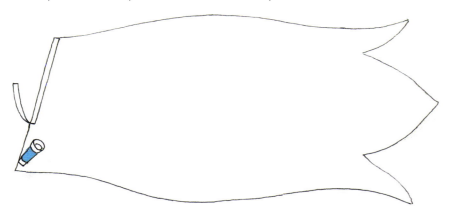

3 Feche a tira de papel-cartão na forma de um círculo, sobrepondo as pontas em alguns milímetros e prendendo-as com fita dupla face.

Arte em papel

4 Passe cola ao longo de uma das laterais do peixe, estreitando a faixa de cola até alcançar o papel-cartão e então junte os dois lados do peixe.

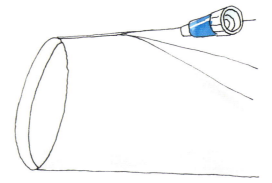

5 Trace os moldes para os olhos e escamas (ver p. 119), transfira-os para o papel de seda colorido e para o papel dourado (ver Traçar, p. 11) e recorte-os.

6 Use cola em bastão para prender as escamas e os olhos dos dois lados do peixe.

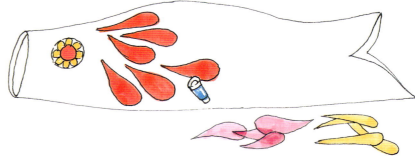

7 Faça um pequeno furo de cada lado da boca do peixe através do papel-cartão e amarre o barbante para pendurar o peixe.

Flores e enfeites

Nível de dificuldade

Ferramentas e materiais
Lápis
Régua
Estilete
Base de corte
Papel de seda, 25 x 5 cm por lamparina
Papel translúcido, 25 x 8,5 cm por lamparina
Papel dourado fino, 25 x 1 cm por lamparina
Máquina de costura
Carretel de uma linha bonita (ou cola em bastão)
Fita dupla face
Suporte de vidro para velas de réchaud, com cerca de 8 cm de altura x 7 cm de diâmetro

Para este projeto, um belo papel translúcido é utilizado para fazer cúpulas de papel que se encaixam no suporte de vidro das velas para réchaud. Lojas de artesanato, especialmente aquelas que vendem papel para cartonagem ou para scrapbooking, terão uma boa variedade de papéis. Quando a lamparina é acesa, a simples sombra da cúpula de papel transforma a vela em uma fonte de luz brilhante como uma joia.

Lamparinas

1 Corte uma faixa de papel de seda de 25 x 5 cm, uma faixa de papel translúcido de 25 x 9 cm, e uma faixa de papel dourado fino de 25 x 1 cm.

2 Dobre o papel de seda ao meio no comprimento e posicione-o a 1 cm da parte de cima do papel translúcido. Coloque o papel dourado sobre os dois, no centro do papel de seda.

3 Costure as camadas de papel translúcido, papel de seda e a faixa dourada. Você também pode prender os papéis com cola — mas a costura proporciona um visual mais especial. Se estiver fazendo várias lamparinas, você pode variar a largura do papel de seda e do papel dourado.

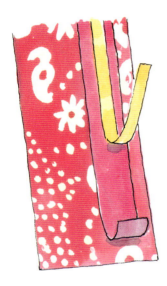

4 Aplique fita dupla face numa lateral menor do retângulo de papel translúcido. Junte as laterais para formar um cilindro que irá se encaixar no suporte de vidro.

28 Arte em papel

Nível de dificuldade

Ferramentas e materiais
Papel-cartão grosso branco, 64 x 90 cm
Lápis
Régua
Estilete
Base de corte
Grampeador e grampos
9 folhas de prata, 14 x 14 cm
4 folhas de cartolina branca, tamanho A4
Termolina ou cola em spray
Papel vegetal
Furador
Arame encapado (do tipo usado para fechar sacos de pão) ou arame bem fino
Tesoura ou alicate
Fita dupla face
Barbante ou linha grossa

É difícil acreditar que esta peça de decoração seja feita de papel-cartão branco e arame encapado. A folha de prata transforma materiais comuns em uma peça muito especial que brilha quando a luz incide sobre ela. Pendure-a próximo a uma janela onde ela possa refletir a luz do sol.

Cascata
prateada

1 Comece fazendo a base da peça. Corte seis tiras de papel-cartão grosso branco: quatro medindo 18 cm de comprimento, uma medindo 64 cm e uma medindo 42 cm. Cada tira deve ter 1,5 cm de largura.

2 Forme um anel com a tira de 42 cm. Sobreponha as pontas da tira em cerca de 1 cm e grampeie. Faça o mesmo com a tira de 64 cm para formar um anel maior.

3 Junte as quatro tiras de 18 cm ao anel menor. Posicione uma das pontas das tiras em intervalos iguais dentro do anel e prenda-as com um grampeador.

4 Junte a outra ponta das tiras ao anel maior. Novamente, posicione as pontas das tiras em intervalos iguais dentro do anel e prenda-as com o grampeador.

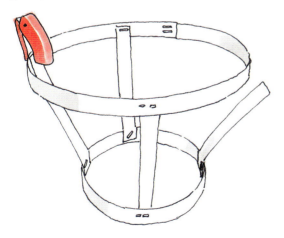

5 Agora faça os painéis prateados. Coloque as tiras de folha de prata sobre a cartolina. Posicione-as aleatoriamente, preenchendo a folha, mas deixando espaços entre elas.

6 Para prender as folhas de prata no lugar, levante-as e pincele termolina sobre a cartolina abaixo. Quando começar a secar e ficar grudento, aplique a folha de prata e remova o papel protetor. Você também pode aplicar um pouco de cola em spray em cada folha de prata, colocá-la na posição e retirar o papel protetor. Independente do método que utilizar, esfregue antes a folha de prata com uma folha de papel vegetal para alisar a superfície.

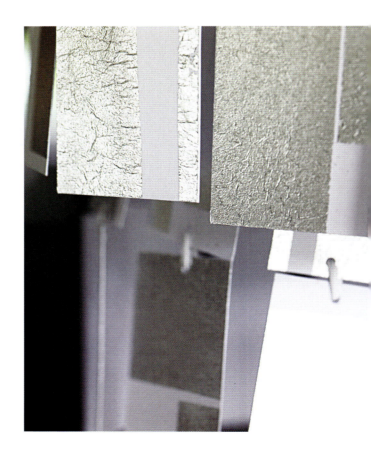

32 Arte em papel

10 Trabalhe nos retângulos menores em pares. Em cada retângulo, faça um furo a cerca de 5 mm da borda em uma das laterais menores. Junte os retângulos em grupos de dois usando os arames encapados (cortados ao meio) e deixando um vão de 3 mm entre eles.

11 Aplique fita dupla face na ponta do primeiro retângulo de cada grupo de três. Prenda-os ao anel maior, deixando um vão de 3 mm entre cada grupo.

7 Corte 48 retângulos da cartolina com a aplicação de folhas de prata medindo 4 x 7 cm e 24 retângulos medindo 3 x 7 cm. Cada retângulo deve incluir partes das folhas de prata posicionadas aleatoriamente (ver foto da p. 31).

8 Trabalhe nos retângulos maiores em grupos de três. Em um retângulo, faça um furo pequeno a cerca de 5 mm da borda em ambas as laterais menores. Nos outros dois retângulos, faça o furo em apenas uma das laterais menores.

9 Corte os arames encapados ao meio e use-os para unir os três retângulos, deixando um vão de 3 mm entre cada um.

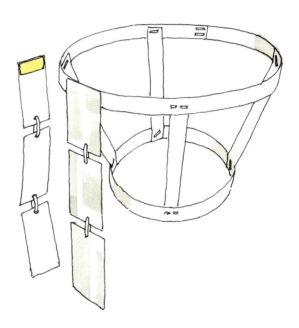

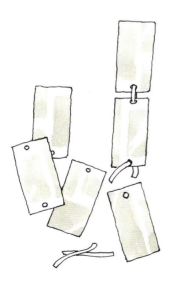

12 Prenda os pares de retângulos no anel menor da mesma forma.

13 Faça pequenos furos ao redor do anel maior separados por distâncias iguais para pendurar a peça. Passe um pedaço de barbante através de cada furo e dê um nó do lado de dentro. Amarre juntas as outras pontas dos barbantes para pendurar a peça.

Flores e enfeites

Nível de dificuldade

Ferramentas e materiais
Cola em spray
2 folhas de papel estampado, aproximadamente 23 x 14 cm para cada pássaro
Cartolina, 23 x 14 cm para cada pássaro (se o papel estampado for muito fino)
Moldes da página 118
Papel vegetal
Fita crepe
Lápis (2H e HB)
Tesoura
Estilete
Régua
Base de corte
Furador
Vincador
Fita dupla face
Agulha
Fio para pendurar o móbile

Estes pássaros graciosos são feitos de recortes de papéis chamativos. Você pode querer fazer vários deles e pendurá-los juntos em alturas diferentes. Um móbile de pássaros pode ser uma decoração interessante para um quarto de criança.

Móbile de pássaros

1 Usando cola em spray, junte dois pedaços de papel estampado para formar um retângulo com estampa dos dois lados (se estiver usando um papel estampado fino, cole um pedaço de cartolina entre as duas folhas).

2 Usando os moldes da página 118, trace as cinco peças de cada pássaro (um corpo, duas asas inferiores maiores, e duas asas superiores menores) e transfira o traçado para o retângulo de papel estampado (ver Traçar, p. 11). Recorte as peças.

3 Faça furos decorativos no local indicado nos moldes.

4 Vinque as abas como indicado no molde e dobre-as na posição mostrada.

5 Use fita dupla face para prender cada asa superior sobre a asa inferior.

6 Use fita dupla face para prender uma asa completa de cada lado do corpo do pássaro.

7 Usando uma agulha para furar o papel, passe o fio para pendurar através do corpo do pássaro logo acima das asas. Passe as pontas do fio através dos furos superior e inferior da cauda antes de pendurar o pássaro.

Flores e enfeites

Nível de dificuldade

Ferramentas e materiais
Moldes da página 120
Papel vegetal
Fita crepe
Lápis (2H e HB)
Placa de espuma, 25 cm x 20 cm x 4 mm
Estilete
Régua
Base de corte
Cola em bastão ou em spray
2 pedaços de papel estampado, 25 x 20 cm
Cola resistente de secagem rápida (tipo Super Bonder®)

Este porta-anéis foi inspirado nos desenhos usados na tradição asiática de tatuagens de henna nas mãos. Um papel vistoso completa o visual. A parte de trás do porta-anéis também é coberta com papel a fim de que os dois lados da peça sejam igualmente atrativos se ela for utilizada sobre uma penteadeira e refletida em um espelho.

Porta-anéis

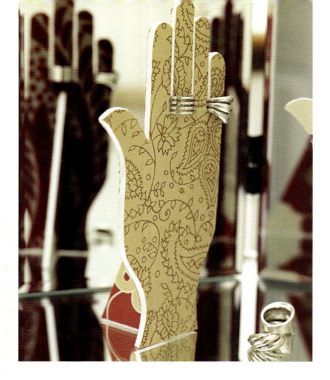

1 Trace os moldes da página 120 para o formato da mão e do suporte, e transfira o traçado para a placa de espuma (ver Traçar, p. 11).

2 Usando um estilete, corte a placa de espuma nos formatos da mão e do suporte.

3 Utilizando uma cola em bastão ou em spray, cole a espuma em formato de mão sobre um pedaço de papel estampado e corte as bordas com um estilete.

4 Repita o processo para cobrir o outro lado da mão com papel estampado.

5 Cole a peça do suporte no papel estampado e corte as bordas com um estilete, retirando as sobras de papel como antes.

6 Usando uma cola de secagem rápida, prenda o suporte na parte de trás da mão. Ele precisa estar centralizado e alinhado com a base da mão.

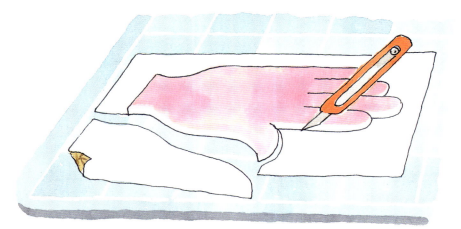

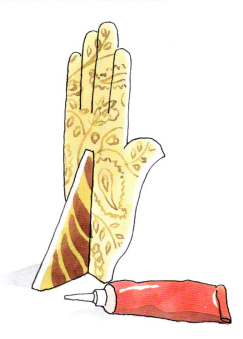

40 Arte em papel

Nível de dificuldade

Ferramentas e materiais
Cola em bastão
2 pedaços de papel estampado, cerca de 10 x 18 cm para cada enfeite
Moldes da página 121
Papel vegetal
Fita crepe
Lápis (2H e HB)
Tesoura
Estilete
Régua
Base de corte
Vincador
Furador
Arame de cobre ou encapado (do tipo usado para fechar sacos de pão)
Alicate
Linha ou fita fina

Estes enfeites de Natal foram inspirados no design dos anos 1960 e 1970. Tente usar uma estampa diferente em cada enfeite, mas mantendo um padrão geral de cor, como este com tons de azul, verde e prata. Os enfeites ficam muito bonitos pendurados em galhos pintados de branco, refletindo a luz conforme giram lentamente.

Enfeites de Natal

1 Usando cola em bastão, junte os dois retângulos de papel estampado para formar uma peça com estampa dos dois lados.

2 Trace os três moldes de enfeite da página 121 e transfira para o papel estampado (ver Traçar, p. 11).

3 Corte a parte externa das peças com uma tesoura e a parte interna com um estilete. Tome cuidado para não cortar as linhas de vinco.

4 Vinque a peça maior no local indicado no molde.

5 Dobre todas as abas na peça maior alternadamente para a frente e para trás na fileira.

44 Arte em papel

6 Faça furos pequenos em cada peça no local indicado no molde.

7 Passe o arame através dos furos de cada peça e forme pequenos elos para unir as peças.

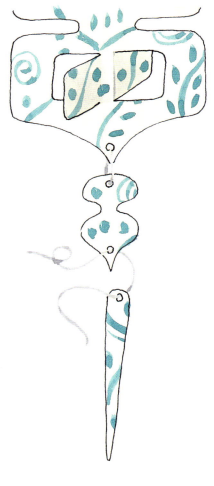

8 Passe uma linha ou um pedaço de fita fina pelo furo na parte superior do enfeite para pendurá-lo.

Flores e enfeites **45**

Nível de dificuldade

Ferramentas e materiais
Barbante
Régua
Tesoura
Fita crepe
Lápis
1 folha de cartolina, 50 x 50 cm
Percevejo
Prendedor de roupas
Jornal
Cola de papel de parede ou cola PVA diluída
Pincel
Doces e balas
Papel de seda em várias cores, 50 x 76 cm
Cola em bastão

Piñata festiva

A tradição de quebrar uma peça de argila decorada para encontrar doces e moedas dentro tem centenas de anos. Hoje, piñatas de papel machê ainda são usadas em todo o mundo para celebrar ocasiões especiais. As crianças vão adorar ajudar a criar esta piñata e ela será o centro das atenções em uma festa infantil. Encha a piñata com balas, pendure-a por um barbante e deixe uma criança de cada vez tentar acertá-la com um tubo de papelão, até que uma delas finalmente consiga quebrá-la e espalhar os doces.

1 Corte um pedaço de barbante com 26 cm de comprimento. Usando um pedaço pequeno de fita crepe, prenda-o em um lápis perto do grafite. Localize, mais ou menos, o meio da cartolina e prenda nela a ponta solta do barbante com o percevejo. Então, com o barbante bem esticado, gire o lápis para traçar um círculo de aproximadamente 50 cm de diâmetro.

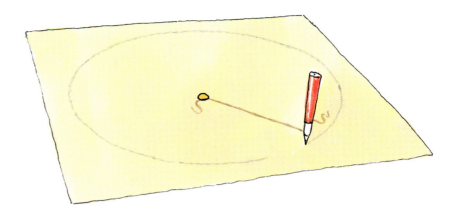

2 Use uma tesoura para cortar o círculo. Dobre-o ao meio e então corte a linha da dobra para formar dois semicírculos. Faça um cone com uma das metades: sobreponha as bordas e prenda com fita crepe. Repita o processo com o outro semicírculo para ter um cone idêntico; coloque-o sobre o primeiro para conseguir a mesma circunferência.

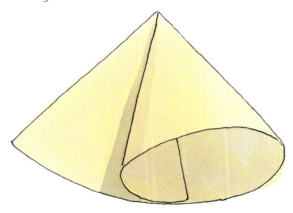

3 Para pendurar a piñata, amarre bem um pedaço de barbante a um prendedor de roupas ou objeto similar, e então passe o barbante pela ponta de um dos cones para que o prendedor fique preso dentro dele.

4 Usando fita crepe, prenda as bases dos dois cones uma contra a outra para formar uma só peça.

48   Arte em papel

5 Faça o papel machê. Rasgue tiras de jornal em pedaços de aproximadamente 8 x 9 cm. Pincele os pedaços de jornal com cola de papel de parede e fixe-os à peça de cartolina até cobri-la completamente. Lembre-se que você só irá precisar aplicar uma ou duas camadas de jornal na piñata — se deixá-la muito grossa será impossível quebrá-la!

7 Você pode achar útil apoiar a piñata em um vaso enquanto a decora. Corte tiras de papel de seda com cerca de 6 x 75 cm. Corte uma franja ao longo do comprimento de cada tira, deixando uma faixa de 1,5 cm para poder aplicar a cola. Usando cola em bastão, fixe a borda superior da franja ao redor da piñata. Cole o restante das franjas em camadas, de modo que a franja de cima sobreponha a faixa de cola da franja inferior.

6 Espere que o papel machê seque (geralmente de um dia para outro, se tiverem sido aplicadas duas camadas). Corte uma pequena abertura e coloque os doces dentro da piñata. Use fita crepe para fechar novamente a abertura.

Flores e enfeites **49**

Impressos e recortes

Encadernação japonesa	52
Recortes emoldurados	56
Icosaedros empilhados	60
Flores de papel	64
Letras em 3D	68
Móbile de aviões	72
Cubos monocromáticos para fotografias	76
Porta-cartas de papel ondulado	80

Nível de dificuldade

Ferramentas e materiais
Papel de rascunho, como folhas de cadernos velhos
Tesoura
Estilete
Régua
Base de corte
2 folhas de papel grosso ou cartolina, 14 x 14 cm
Molde da página 120
Papel vegetal
Fita crepe
Lápis (2H e HB)
Prendedores de papel (tipo grampomol)
Furador simples ou com cabo
Martelo
Palitos de dente
Agulha de tapeçaria
Barbante fino, linha grossa ou barbante de algodão parafinado, 80 cm
Recortes de papel para decorar a capa, como rótulos e selos
Cola em bastão

Este pequeno caderno é feito por um método de encadernação japonesa. Ao acompanhar as instruções você perceberá como ele é fácil de fazer. Você pode se inspirar e usar este método para criar blocos de rascunho, diários e scrapbooks. Personalize seus cadernos decorando-os com recortes de papel, fotos ou papéis de origami chamativos.

Encadernação japonesa

1 Faça as páginas do caderno: corte pedaços de papel de 14 x 14 cm. Crie quantas achar necessário, de acordo com a espessura que quiser para seu caderno. Uma boa fonte de papel são páginas não usadas de cadernos velhos que sobram no final do ano.

2 Faça a capa. Corte dois pedaços de papel grosso ou cartolina do mesmo tamanho das páginas. Capas de livros de exercício velhos também são boas para isso, se houver uma área lisa grande o bastante.

3 Trace o molde da página 120 e marque a posição dos cinco furos em uma das capas (ver Traçar, p. 11).

4 Coloque as páginas entre as duas capas. Use os prendedores de papel para manter tudo junto. Use um furador com cabo ou um furador simples e o martelo para fazer os furos através dos papéis. Coloque um palito de dente em cada furo, à medida que forem feitos, a fim de manter as páginas alinhadas.

5 Agora faça a encadernação. Corte 80 cm do barbante fino, linha grossa ou barbante de algodão parafinado e passe pela agulha de tapeçaria. Começando no terceiro furo, levante algumas páginas e passe o barbante pelo furo até sair pela capa, deixando 2,5 cm soltos na lombada e entre as páginas.

6 Desça a agulha pelo quarto furo, dê a volta na lombada e desça novamente pelo quarto furo.

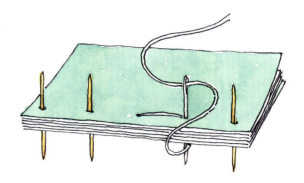

7 Traga a agulha para cima através do quinto furo, dê a volta na lombada e suba novamente pelo quinto furo.

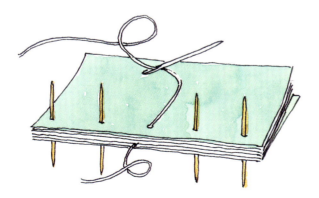

8 Dê a volta na lateral do caderno e suba a agulha pelo quinto furo mais uma vez. Volte para o quarto furo e desça a agulha por ele.

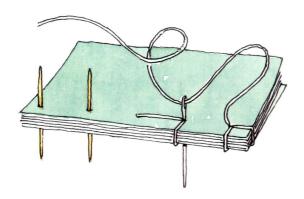

9 Suba a agulha pelo segundo furo, dê a volta na lombada e suba novamente pelo segundo furo.

10 Vá para o primeiro furo e desça a agulha por ele. Dê a volta na lombada e desça pelo primeiro furo novamente.

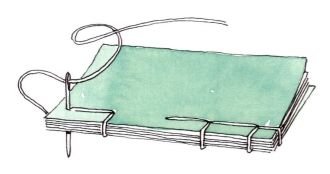

11 Dê a volta na lateral do caderno e então desça pelo primeiro furo mais uma vez.

12 Suba a agulha pelo segundo furo, vá para o terceiro e desça a agulha por ele.

13 Dê a volta na lombada e desça pelo terceiro furo novamente.

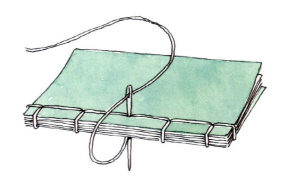

14 Passe a agulha sob as costuras e pela alça do barbante para dar um nó.

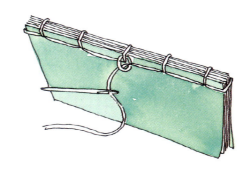

15 Empurre a agulha de volta pelo terceiro furo e corte a sobra rente à capa do caderno.

16 Você pode decorar o caderno do modo que preferir, até mesmo colando rótulos velhos para completar o visual de material reciclado.

Impressos e recortes 55

Recortes
emoldurados

Nível de dificuldade

Ferramentas e materiais

Fotocopiadora ou papel quadriculado
Moldes da página 120
Papel vegetal
Fita crepe
Lápis (2H e HB)
Papel de seda em três cores contrastantes
Tesoura
Estilete
Régua
Base de corte
Cartolina ou papel branco, 25 x 20 cm
Cola em spray
Moldura sem caixilho com clipes, 25 x 20 cm

Este projeto é uma grande oportunidade de experimentar com cores. Corte formatos em tons diferentes e brinque com eles. Vire os recortes para um lado e para o outro, sobreponha ou inverta os desenhos até ficar satisfeito com o resultado. Pendurando apenas uma única figura na parede ou fazendo uma composição com vários quadros, você criará um ponto focal contemporâneo e cheio de estilo para sua casa.

1 Use fotocopiadora ou método do papel quadriculado (ver p. 10) para ampliar os moldes da página 120 em 200% sobre uma folha A3. Trace os moldes e transfira-os para o papel de seda (ver Traçar, p. 11). Corte várias peças nas três cores de papel. Antes de jogar fora os restos, verifique se há outros formatos que possa acrescentar a seu quadro.

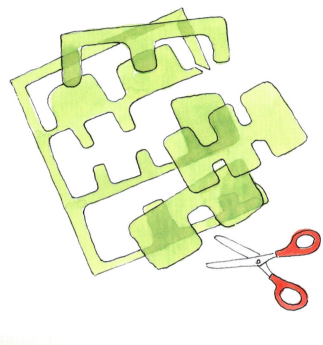

58 Arte em papel

2 Comece posicionando combinações diferentes de cores e formatos de papel de seda sobre a cartolina.

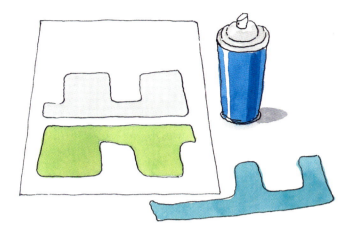

3 Quando estiver satisfeito com o resultado, cole as peças na posição desejada usando cola em spray.

4 Coloque o trabalho terminado dentro da moldura com clipes para concluir o projeto.

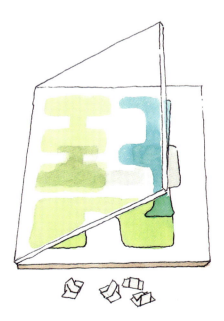

Impressos e recortes **59**

Nível de dificuldade

Ferramentas e materiais
Cola em spray
Papel estampado, 30 x 20 cm para cada icosaedro
Cartolina, 30 x 20 cm para cada icosaedro
Fotocopiadora ou papel quadriculado
Molde da página 123
Papel vegetal
Fita crepe
Lápis
Alfinete
Régua
Estilete
Base de corte
Vincador
Cola resistente de secagem rápida (tipo Super Bond®)

Estas formas geométricas ficam ótimas em cores e padrões contrastantes. Divirta-se fazendo diversas combinações para criar uma escultura que pode ser alterada sempre e que pode ser colocada sobre uma mesinha de canto ou estante, ou ainda usada como uma criativa peça central para a mesa de jantar. Com certeza vai dar o que falar!

Icosaedros
empilhados

1 Use cola em spray para aplicar o papel estampado em um dos lados da cartolina (ou use cartolina estampada).

2 Use uma fotocopiadora ou o método do papel quadriculado (ver p. 10) para ampliar o molde da página 123 em 200% sobre uma folha A3. Trace o molde, coloque o papel vegetal sobre a cartolina, prenda com fita crepe e use um alfinete para marcar os pontos de cruzamento das linhas. Remova o papel vegetal e una os pontos usando um lápis e uma régua.

4 Dobre as linhas vincadas uma por uma para formar a peça em 3D. Aplique a cola de secagem rápida para unir cada aba e segure na posição correta. Repita todas as etapas para fazer mais icosaedros.

3 Corte a peça. Vinque todas as linhas, inclusive as abas de colagem.

62   Arte em papel

Impressos e recortes 63

Nível de dificuldade

Ferramentas e materiais
Páginas de um livro que não queira mais
Lápis (2H e HB)
Régua
Tesoura
Cola em bastão
Molde da página 119
Papel vegetal
Fita crepe
Fita estreita ou barbante

Flores de papel

Estas flores são feitas das páginas de um livro velho. Aqui elas foram dispostas em varal para formar uma moldura, mas elas podem ter muitos usos decorativos. Você pode usá-las para enfeitar um pacote de presente ou decorar um sabonete caseiro. Um prendedor de roupas de madeira com uma dessas flores colada se transforma em um bonito prendedor de cartas ou papéis.

1 Faça o miolo da flor. Corte uma tira de papel medindo 35 x 5,5 cm. Corte uma franja por todo o comprimento, até três quartos da largura. Não importa se os cortes não tiverem exatamente a mesma distância.

2 Espalhe cola ao longo da borda não cortada, evitando colar a franja, e então enrole a tira bem firme.

3 Trace o molde da pétala da página 119 e transfira-o para um pedaço de papel (ver Traçar, p. 11). Corte quatro pétalas. Fixe cada pétala no miolo colando a base da pétala na tira enrolada.

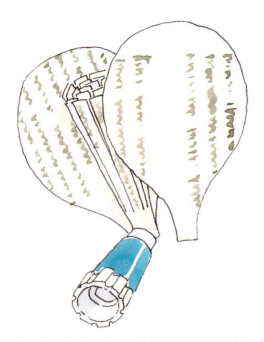

4 Quando todas as pétalas estiverem posicionadas, curve a base da flor em formato de "U" e deixe secar. Esse formato deixa a flor mais fácil de usar, e você pode amarrar ou colar um pedaço de fita ou barbante.

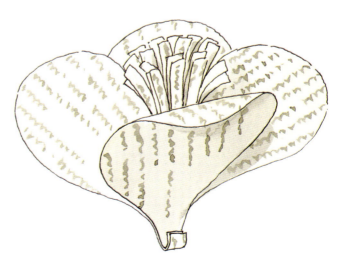

Impressos e recortes

Nível de dificuldade

Ferramentas e materiais

Computador ou estêncil
Fotocopiadora ou papel quadriculado
Papel vegetal
Fita crepe
Lápis (2H e HB)
Cartolina
Estilete
Régua
Base de corte
Tesoura
Cola em bastão
Recortes para decoração, como partituras velhas,
   selos, papéis de bala ou de presente

Letras
em 3D

Estas letras em 3D são ótimas peças de decoração para um quarto de criança. Elas também são perfeitas como presente, já que você pode personalizá-las e criar algo único a cada vez, usando todo tipo de decoração.

1 Imprima a letra escolhida a partir de um computador no maior tamanho possível ou desenhe a letra usando um estêncil. Com uma fotocopiadora, amplie a letra até alcançar o tamanho desejado. Você pode também ampliá-la usando o método do papel quadriculado (ver p. 10).

2 Trace a letra e transfira-a para a cartolina (ver Traçar, p. 11). Corte a letra duas vezes para fazer as partes da frente e de trás. Se sua letra só for vista pela frente (se você planeja colocá-la em cima de uma lareira, por exemplo), corte apenas uma vez o formato da letra.

3 Corte tiras de cartolina para fazer as laterais da letra. É uma boa ideia fazer as tiras da largura de sua régua (geralmente 4 cm) para que você não precise ficar medindo e desenhando várias linhas.

4 Coloque as laterais ao redor da letra, segure em ângulo reto e prenda com fita crepe. Nas laterais maiores, usar pequenos pedaços de fita posicionados em ângulo reto na base pode ser mais fácil. Quando colocar a lateral ao redor de uma curva, você precisará fazer um pequeno corte na fita para que ela se abra.

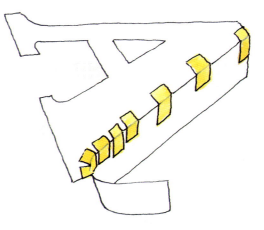

70 Arte em papel

5 Quando chegar a um canto da letra, simplesmente dobre a tira de cartolina e continue seguindo o formato da letra. Você pode achar mais fácil trabalhar com tiras laterais mais curtas e fixar a próxima tira com um pedaço de fita crepe.

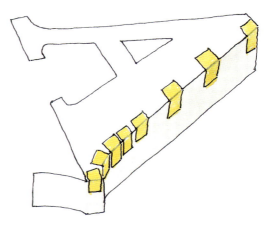

6 Prenda a parte de trás da letra às laterais como mostrado abaixo (pule essa etapa se sua letra tiver apenas um lado).

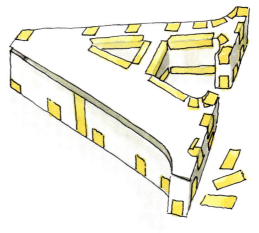

7 Agora vem a parte divertida. Decore a letra colando embalagens de doces, recortes de revista, papel de presente, rótulos velhos ou selos. A fita crepe será coberta pela decoração.

Impressos e recortes **71**

Nível de dificuldade

Ferramentas e materiais

Fotocopiadora ou papel quadriculado
Moldes da página 121
Papel vegetal
Fita crepe
Lápis (2H e HB)
Estilete
Placa de espuma, 42 cm x 20 cm x 4 mm para cada avião menor
Placa de espuma, 68 cm x 34 cm x 4 mm para cada avião maior
Régua
Base de corte
Mapas velhos para cobrir a placa de espuma
Cola em spray
Furador
Barbante
Fita adesiva de celofane (tipo Durex®)

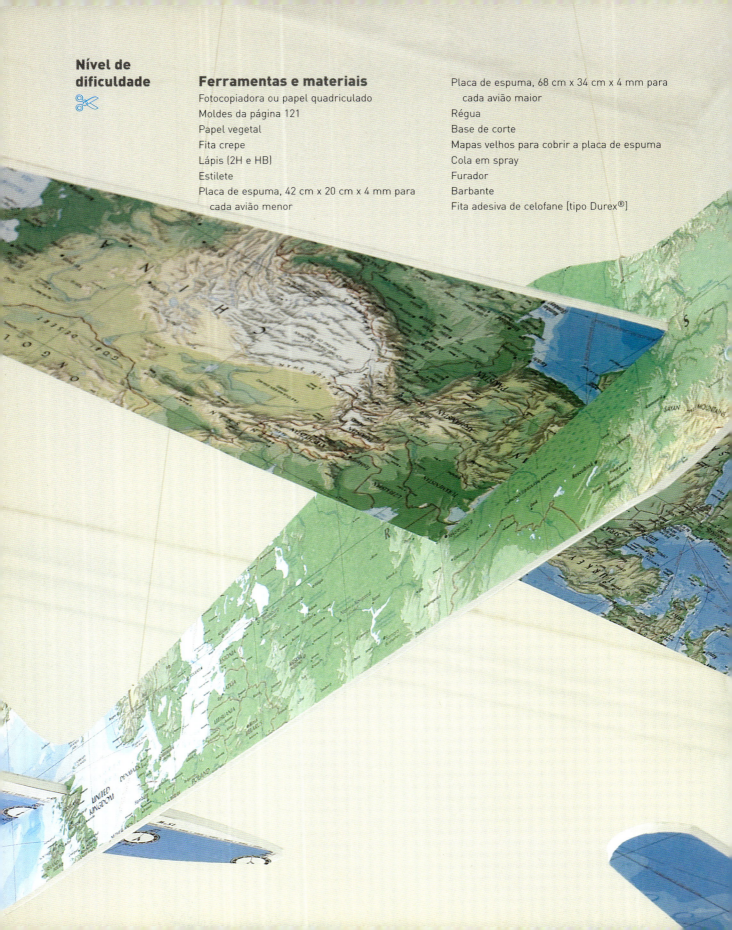

Móbile
de aviões

Muito fáceis de fazer, estes aviões podem se tornar uma peça de decoração original para um quarto de criança. Pendure-os sobre a cama e inspire sonhos de viagens para lugares distantes. Para decorá-los, você pode usar partes de um atlas velho ou conseguir mapas antigos em sebos.

1 Para fazer o avião menor, use uma fotocopiadora ou o método do papel quadriculado (ver p. 10) para ampliar os moldes da página 121 em 200% sobre uma folha A3. Trace os moldes e transfira-os para a placa de espuma (ver Traçar, p. 11).

2 Corte o corpo do avião, as asas e a cauda na espuma. Abra as fendas.

3 Posicione as peças de espuma sobre os mapas e fixe-os com cola em spray. Use um estilete para cortar os mapas nos formatos das partes do avião. Vire as peças, coloque-as sobre novos pedaços de mapa e repita o processo para cobrir o outro lado.

4 Remova qualquer excesso de papel das bordas. Corte novamente as fendas para abri-las no mapa.

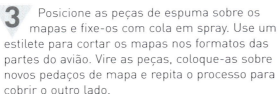

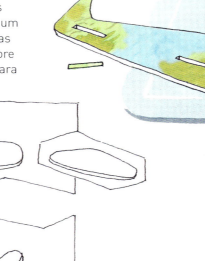

74 Arte em papel

5 Encaixe as asas e a cauda nas fendas do corpo do avião.

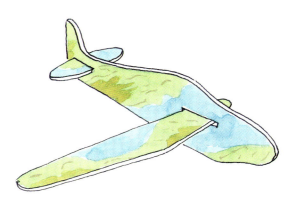

6 Usando um furador, faça dois furos pequenos como mostrado na figura abaixo. Passe um barbante através de cada um para pendurar o avião.

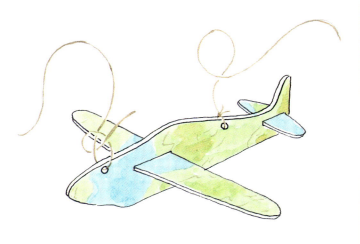

7 Para fazer o avião maior, você precisa ampliar os modelos em partes. Use a ampliação em 200% que fez para o avião menor. Primeiro, amplie a peça da cauda em 150% em uma folha de papel A4. Então amplie o corpo e a asa em 150% em duas partes, sobre folhas de papel A3. Use a fita adesiva de celofane para prender as duas partes na linha de junção (marcada no molde). As fendas terão aumentado de largura no processo de ampliação e precisam ser redesenhadas com uma largura de 4 mm para ficar de acordo com a espessura da placa de espuma. Finalmente, os modelos para o avião maior podem ser usados.

Impressos e recortes 75

Nível de dificuldade

Ferramentas e materiais
Fotocopiadora ou papel quadriculado
Molde da página 125
Fita adesiva de celofane (tipo Durex®)
Papel vegetal
Fita crepe
Lápis
Cartolina branca:
42 x 30 cm para o cubo pequeno
45 x 33 cm para o cubo médio
54 x 40 cm para o cubo grande
Alfinete
Régua
Estilete
Base de corte
Vincador
Cola resistente de secagem rápida (tipo Super Bonder®)
Fotografias em preto e branco
Papel estampado em preto e branco:
10 x 10 cm para cada face a ser coberta do cubo menor
11 x 11 cm para cada face a ser coberta do cubo médio
13 x 13 cm para cada face a ser coberta do cubo maior
Cola em bastão ou cola de PVA

Estes cubos para fotografias têm um visual realmente contemporâneo. Coloque fotos em três ou quatro faces de cada cubo e cubra as faces restantes com papel preto e branco em várias estampas. Motivos gráficos e contrastantes irão complementar as fotos em preto e branco.

Cubos monocromáticos para fotografias

1 Para fazer o cubo menor, use uma fotocopiadora ou o método do papel quadriculado (ver p. 10) para ampliar o molde da página 125 em 200% sobre duas folhas de papel A3. Use a fita adesiva para prender as duas folhas na linha de junção; trace, então, o molde e transfira-o para a cartolina. O modo mais fácil de fazer isso é colocar o papel vegetal sobre a cartolina e usar um alfinete para furar os pontos de cruzamento das linhas. Remova o papel vegetal e una os pontos usando um lápis e uma régua.

2 Corte as peças. Vinque todas as abas de colagem e as outras linhas de vinco.

4 Recorte fotografias e papel estampado para serem aplicados nas laterais dos cubos.

5 Cole as estampas e as fotos usando cola em bastão ou cola de PVA.

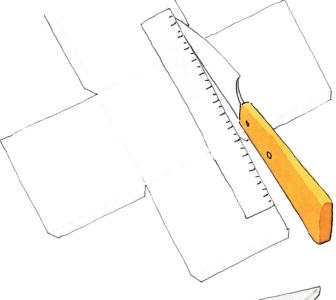

6 Para fazer cubos de tamanhos diferentes, o mais fácil é redesenhar o molde direto na cartolina que estiver usando. Para um cubo médio, cada face deve medir 11 x 11 cm. Para um cubo maior, cada face deve medir 13 x 13 cm. As abas de colagem em todos os cubos têm 1 cm de largura.

3 Dobre as linhas vincadas. Monte o cubo fixando as abas na posição correta com cola de secagem rápida.

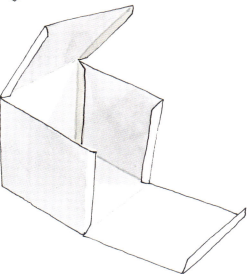

Impressos e recortes

Nível de dificuldade

Ferramentas e materiais
Fotocopiadora ou papel quadriculado
Moldes da página 124
Papel vegetal
Fita crepe
Lápis (2H e HB)
Cartolina branca, 2 pedaços: 23 x 35 cm
Papel-cartão ondulado, 2 pedaços: 42 x 30 cm
Estilete
Régua
Base de corte
Furador com três pontas substituíveis, de 1,5 mm, 3 mm
  e 4,5 mm de diâmetro
Martelo
Cola resistente de secagem rápida (tipo Super Bonder®)

Alguns cortes e vincos simples transformam um pedaço de cartolina em um charmoso painel com motivo de pombo. Este painel decorativo proporciona um adorável contraste com o papel ondulado marrom da base do porta-cartas.

Porta-cartas
de papel ondulado

1 Use uma fotocopiadora ou o método do papel quadriculado (ver p. 10) para ampliar os moldes da página 124 em 200% sobre uma folha de papel A3. Trace os modelos e transfira-os para o papel-cartão ondulado ou cartolina branca (ver Traçar, p. 11). Note que os moldes do painel de cartolina branca e do painel frontal de papel-cartão ondulado estão sobre o molde da peça de trás de papel ondulado. Quando traçar o motivo de pombo, marque cuidadosamente as linhas de corte e de vinco.

2 Corte todas as peças e então corte e vinque todas as linhas do motivo de pombo. Para isso use um estilete (não muito novo) para vincar, trabalhando com delicadeza para que ele corte apenas a primeira superfície da cartolina. Dobre para a frente todas as partes vincadas.

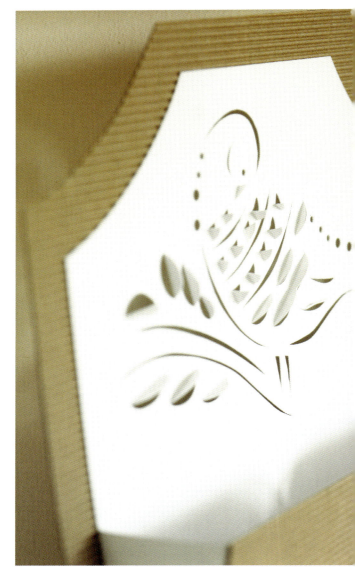

3 Faça os furos nos locais indicados no motivo. Para posicioná-los com precisão, o mais fácil é usar um furador simples com no mínimo três tamanhos diferentes de pontas e um martelo.

4 Agora faça a parte da caixa em cartolina branca que irá segurar as cartas. Vinque as abas laterais e frontal para colagem e então as dobre na posição correta.

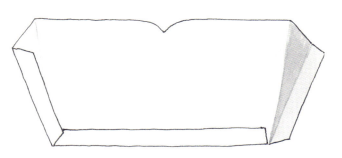

82 Arte em papel

5 Cole a parte branca da caixa no painel branco com uma cola de secagem rápida.

6 Cole o painel frontal de papel ondulado na frente da parte branca da caixa.

7 Cole o painel branco, mais a parte completa da caixa, no painel de trás de papel ondulado.

Impressos e recortes   83

Objetos de decoração

Cestinhas de cartolina e arame	86
Gaveteiro com découpage	90
Tigela de papel machê	94
Estrela escultural	98
Porta-retrato decorado	102
Tigela simples	106
Flocos de neve gigantes	110
Luminárias de cartolina branca	114

Nível de dificuldade

Ferramentas e materiais
1 folha grande de papel estampado, 42 x 30 cm para cada cestinha
1 folha grande de cartolina, 42 x 30 cm para cada cestinha
Cola em spray
Fotocopiadora ou papel quadriculado
Molde da página 122
Fita adesiva de celofane (tipo Durex®)
Papel vegetal
Fita crepe
Lápis (2H e HB)
Estilete
Régua
Base de corte
Vincador
Furador
Arame fino, 8 cm para cada cestinha
Alicate de ponta

Estas cestinhas são fáceis de fazer e podem servir como lindas caixas de presente ou lembrancinhas de festas (você pode até fazer minicestas para decorar a árvore de Natal). Se preferir, use uma cartolina estampada em vez de papel estampado colado na cartolina.

Cestinhas
de cartolina e arame

5 Dobre para fora a linha de vinco no canto entre os dois furos. Essa dobra forma um triângulo. Leve o triângulo para o lado a fim de que fique sobre a lateral da cestinha.

1 Cole o papel estampado na cartolina usando a cola em spray.

2 Use uma fotocopiadora ou o método do papel quadriculado (ver p. 10) para ampliar o molde da página 122 em 200%. Se estiver usando uma fotocopiadora, você precisará ampliar o molde em duas partes em folhas de papel A3. Use a fita adesiva de celofane para prender as duas partes na linha de junção (marcada no molde). Usando papel vegetal, trace o molde na cartolina (ver Traçar, p. 11). Corte a peça.

3 Marque primeiro as linhas de vinco e os lugares onde ficarão os furos. Em seguida, vinque todas as linhas e faça os furos.

4 Dobre delicadamente as linhas vincadas ao redor da base quadrada.

Arte em papel

6 Vá para o outro canto e repita o processo. Dobre na direção do canto anterior para que os quatro furos fiquem sobrepostos.

7 Repita as etapas 5 e 6 no outro lado da cestinha, para que os quatro furos também fiquem sobrepostos.

8 Passe o arame através dos furos alinhados de um dos lados da cestinha, e use o alicate para dobrar para trás cerca de 1 cm do arame dentro da cestinha a fim de prendê-lo.

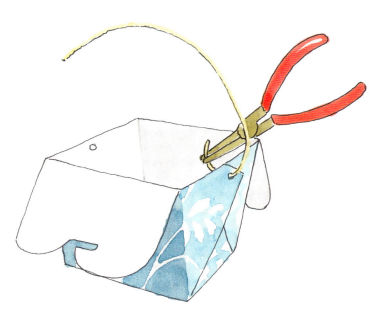

9 Curve o arame sobre o topo da cestinha e passe a outra ponta através dos furos do outro lado, dobrando-a para trás a fim de prendê-la.

10 Feche as duas abas da tampa para terminar a cestinha.

Objetos de decoração **89**

Nível de dificuldade

Ferramentas e materiais
Moldes da página 123
Papel vegetal
Fita crepe
Lápis (2H e HB)
Papel fino e bonito
Tesoura
Estilete
Base de corte
Gaveteiro
Cola em spray ou de PVA
Verniz fosco
Pincel
Puxadores de vidro (opcionais)

Surgida em Veneza, há 300 anos, a découpage é a arte de aplicar recortes em uma superfície e envernizá-la. É uma ótima forma de transformar um gaveteiro simples em algo bastante especial. Este aqui ganhou um acabamento com puxadores de vidro para completar o visual antigo. Você pode brincar com o desenho do molde e personalizar qualquer item de mobília.

Gaveteiro
com découpage

1 Trace os moldes da página 123 e transfira-os para o papel fino (ver Traçar, p. 11). Para variar, vire o papel vegetal ao contrário para obter formatos inversos. Corte as peças.

3 Fixe as peças com cola em spray ou cola de PVA e deixe secar.

2 Posicione os recortes sobre a área que queira decorar e mude-as de lugar até que esteja satisfeito com o resultado.

4 Passe duas camadas de verniz fosco no gaveteiro. Quando estiver seco, aparafuse os puxadores de vidro, se optar por eles.

Objetos de decoração

Nível de dificuldade

Ferramentas e materiais
Tigela para usar como molde
Filme de PVC
Jornal
Cola de papel de parede
Pincel
Tinta branca (opcional)
Moldes da página 118
Papel vegetal
Fita crepe
Lápis (2H e HB)
Papel fino azul
Estilete
Régua
Base de corte

O papel machê surgiu na China, onde o próprio papel foi inventado. De lá, a técnica foi disseminada para o Japão, onde era usado na confecção de máscaras e em festividades, e finalmente para a Europa. O termo papel machê vem do francês e significa "papel mastigado". Esta pequena tigela é coberta com triângulos de papel azul, que criam um efeito interessante.

Tigela de papel machê

1 Escolha uma tigela para usar como molde. Cubra a parte externa da tigela com filme de PVC. Coloque o molde sobre a mesa com a parte coberta pelo filme de PVC voltada para cima.

2 Rasgue pedaços pequenos de jornal para fazer o papel machê. Pincele cada pedaço com cola de papel de parede e aplique no molde até cobri-lo totalmente. Repita com duas outras camadas de jornal.

3 Deixe secar de um dia para o outro. Apare quaisquer pontas soltas e remova a tigela de papel machê do molde. Se seu papel azul for muito fino, aplique uma camada de tinta branca para cobrir o jornal e deixe secar antes de aplicar os triângulos de papel.

4 Trace os moldes dos triângulos da página 118 e transfira-os para o papel azul (ver Traçar, p. 11). Corte vários triângulos alongados e alguns triângulos menores (estes serão aplicados ao redor da borda).

5 Começando na parte de fora da tigela, no meio da base, comece colando os triângulos com cola de papel de parede. Posicione a ponta fina do triângulo no centro da tigela. Continue dando a volta na tigela, posicionando os triângulos como um leque. Você pode achar útil colocar a tigela sobre uma taça ou algo parecido enquanto trabalha.

6 Quando chegar à borda da tigela, dobre os triângulos para dentro.

7 Quando tiver terminado a parte externa da tigela, deixe secar. Você pode colocá-la sobre o molde para ajudar a manter o formato enquanto seca.

8 Cubra a parte interna da tigela, começando na base e sobrepondo os triângulos em fileiras conforme vai subindo.

9 Para dar acabamento à borda, aplique os triângulos menores por toda ela.

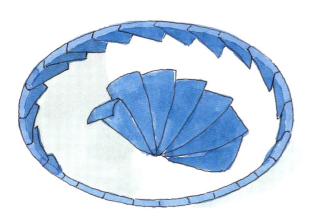

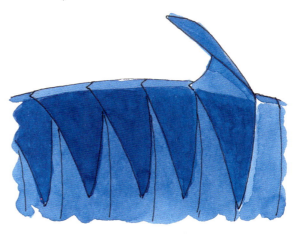

Objetos de decoração

Nível de dificuldade

Ferramentas e materiais

Fotocopiadora ou papel quadriculado
Moldes da página 123
Papel vegetal
Fita crepe
Cartolina ou papel grosso estampado, 30 x 20 cm
  para cada icosaedro
Cartolina ou papel grosso estampado, 18 x 16 cm
  para cada ponta da estrela
Lápis
Alfinete
Régua
Estilete
Base de corte
Vincador
Cola resistente de secagem rápida (tipo
  Super Bonder®)

O icosaedro, uma forma geométrica de vinte lados, é usado como base para esta estrela grande. Feita com cartolina ou papel grosso, a estrela é firme o bastante para ficar em pé sobre uma estante ou lareira, e também serve como uma impressionante peça de decoração no Natal ou em outras ocasiões festivas.

Estrela escultural

1 Use uma fotocopiadora ou o método do papel quadriculado (ver p. 10) para ampliar em 200% o molde do icosaedro da página 123 sobre um papel A3. Transfira o traçado para o papel vegetal, coloque-o sobre a cartolina estampada, prenda com fita crepe e use um alfinete para marcar os pontos de cruzamento das linhas. Junte os pontos com um lápis e uma régua.

2 Corte a peça. Vinque todas as linhas, não esquecendo as abas de colagem.

3 Dobre as linhas vincadas uma por uma para formar a peça em 3D. Aplique a cola em cada aba e segure na posição correta. Isso forma o icosaedro que será a base da estrela.

4 Use uma fotocopiadora ou o método do papel quadriculado (ver p. 10) para ampliar em 200% o molde da ponta da estrela na página 123. Use o papel vegetal para transferir o traçado para a cartolina estampada, como fez no passo 1. Será necessário fazer vinte pontas de estrela.

5 Corte as pontas de estrela, vinque todas as linhas e dobre cada peça para formar uma pirâmide alta.

6 Pegue uma das pontas e cole a aba maior na outra extremidade.

7 Dobre as abas de colagem na base da ponta de estrela e cole sobre uma das faces do icosaedro. Apoie o icosaedro sobre um copo ou vaso alto para que fique seguro enquanto prepara a próxima ponta.

8 Repita o processo com as peças restantes, montando uma ponta de cada vez até que a estrela esteja completa.

Objetos de decoração **101**

Nível de dificuldade

Porta-retrato
decorado

Ferramentas e materiais

Porta-retrato velho (opcional)
Papel-cartão grosso branco, 25 x 25 cm, ou o
   suficiente para cobrir a moldura existente
Estilete
Base de corte
Régua
Tesoura
Cola resistente de secagem rápida (tipo Super
   Bonder®)
Moldes da página 121
Papel vegetal
Fita crepe
Lápis (2H e HB)
Papel branco grosso, como papel especial
   para desenho

Este projeto dará a você a satisfação de criar algo realmente elegante a partir de um pedaço de papel branco. Fazer os arabescos com o papel vincado requer prática, mas uma vez tendo dominado a técnica, você pode se soltar e rapidamente modelar os detalhes da moldura.

1 Para uma moldura reta, corte um retângulo vazado de papel-cartão grosso medindo 20 x 20 cm com uma borda de 5,5 cm. Você também pode cortar o papel-cartão para se encaixar em um porta-retrato que já tenha, deixando uma borda de 5,5 cm. Fixe o papel-cartão com uma cola de secagem rápida.

2 Trace os moldes da página 121 e transfira-os para o papel branco especial (ver Traçar, p. 11). As linhas de vinco estão marcadas nos moldes, mas você pode omiti-las do traçado se quiser, para variar os vincos de seu objeto. Você irá fazer 27 peças no total, a partir de dois formatos de arabesco e dois formatos de folha. Alguns são invertidos: vire o papel vegetal ao contrário para traçá-los. Corte todas as peças.

3 Nesse projeto você precisará fazer os vincos com um estilete (não use um muito novo), pressionando-o delicadamente para cortar apenas a superfície do papel sem atravessá-lo totalmente. Coloque a ponta do estilete no meio da ponta do arabesco ou da folha e desça acompanhando a curva até o meio da base da peça.

4 Agora vem a parte complicada: aperte delicadamente um arabesco para deixar a linha (ou linhas) de vinco em relevo. Empurre a ponta curvada em um movimento espiral e, com um pouco de prática, ela assumirá o formato correto. Depois de pegar o jeito com o primeiro, os outros sairão com facilidade.

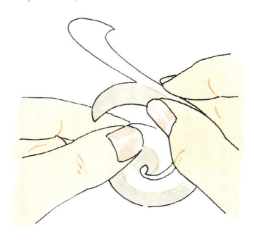

5 As folhas são fáceis de fazer: apenas dobre delicadamente as linhas de vinco.

6 Posicione todas as peças na base da moldura e comece a fixá-las. Use uma gota de cola na ponta de cada peça. As pontas serão sempre escondidas pela peça colocada a seguir.

Arte em papel

Nível de dificuldade

Ferramentas e materiais

Cartolina reciclada, marrom de um lado
  e branca do outro, 13 x 50 cm
Lápis
Régua
Estilete
Base de corte
Furador
Martelo
Papel pardo, 6 x 15 cm (pode ser de um
  saco ou sacola de papel ou envelope)

Esta peça resume a beleza do papel. Apenas juntando as partes, sem qualquer tipo de cola, você pode criar algo maravilhoso. A intenção não é usar a tigela para guardar coisas, mas para apreciar sua beleza, simetria e forma.

Tigela simples

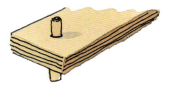

4 Coloque as cinco tiras de cartolina em cima uma da outra e encaixe o tubo através dos furos de cada ponta. Eles devem estar bem justos.

1 Corte cinco tiras de cartolina reciclada medindo 2,5 x 50 cm cada uma.

2 Faça um furo de 3 mm nas extremidades de cada tira, posicionando-o a 1 cm da ponta e no meio da tira (se o seu furador fizer um furo de diâmetro maior, simplesmente aumente o tamanho da tira de papel pardo na próxima etapa, de modo que quando enrolada, ela fique justa no furo).

5 Abra as tiras para conseguir o formato de tigela. Se quiser uma tigela mais funcional, você pode passar tiras de cartolina entre as tiras principais na parte central da tigela, mas isso irá tirar a simplicidade do design.

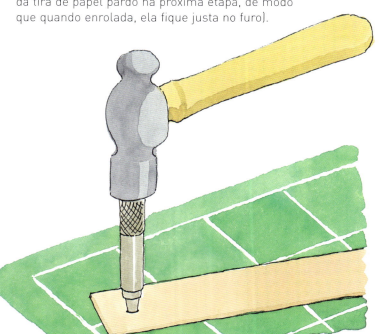

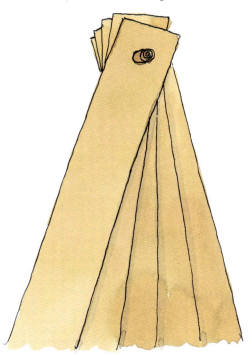

3 Corte duas tiras de papel pardo, de 3 x 10 cm. Enrole as tiras bem apertado para criar um tubo compacto.

Nível de dificuldade

Ferramentas e materiais
Molde da página 126
Papel vegetal
Fita crepe
Lápis (2H e HB)
1 pedaço de cartolina, metálica de um lado e branca do outro, 70 x 36 cm para cada floco de neve menor
2 pedaços de cartolina, metálica de um lado e branca do outro, 45 x 55 cm para cada floco de neve maior
Tesoura
Estilete
Régua
Base de corte
Vincador
Cola resistente de secagem rápida (tipo Super Bonder®)
Fotocopiadora ou papel quadriculado (para o floco de neve maior)

No Natal estes flocos de neve metálicos servem como adoráveis objetos de decoração contemporâneos. Pendure-os para girar delicadamente enquanto as pessoas passam por eles ou disponha-os alinhados sobre uma estante ou lareira para criar um cenário mágico de inverno.

Flocos de neve gigantes

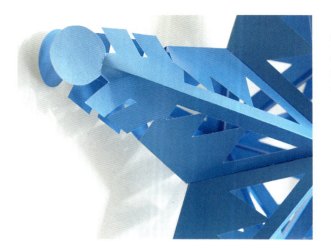

4 Dobre as abas de colagem e a linha de vinco central no comprimento, parando antes do círculo da ponta. Os flocos de neve são metálicos de um lado e brancos do outro. Dobre cinco peças com o lado branco para fora e cinco peças com o lado metálico para fora.

5 Pegue uma peça branca e uma metálica. Cole uma à outra usando as duas abas de colagem menores. Repita o processo com as peças restantes para fazer as cinco pontas do floco de neve.

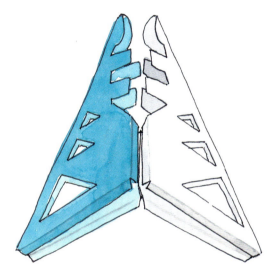

1 Para fazer o floco de neve menor, trace o molde da página 126 e transfira-o para a cartolina (ver Traçar, p. 11). Faça um ponto onde a linha de vinco central termina. Repita o processo para dez peças.

2 Corte as dez peças. Fica mais fácil se você usar uma tesoura afiada para isso — mas use um estilete para os recortes triangulares internos.

3 Vinque as abas de colagem no comprimento e a linha de vinco central para baixo. Não vinque o círculo da ponta.

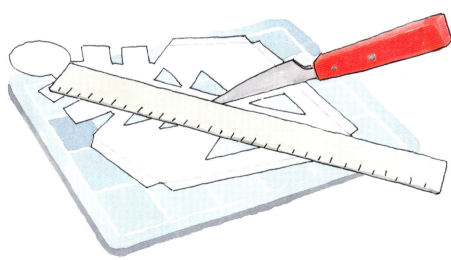

112 Arte em papel

6 Complete o trabalho unindo as cinco pontas do floco de neve. Passe cola nas abas mais longas e assegure-se de colar as abas metálicas a outras também metálicas, e as abas brancas às também brancas.

7 Para fazer o floco de neve maior, use uma fotocopiadora ou o método do papel quadriculado (ver p. 10) para aumentar o molde da página 126 em 200% sobre uma folha de papel A3. Então siga os passos do floco de neve menor.

Objetos de decoração 113

Nível de dificuldade

Ferramentas e materiais
Fotocopiadora ou papel quadriculado
Molde e motivos da página 126
Papel vegetal
Fita crepe
Lápis (2H e HB)
Cartolina branca, 30 x 20 cm para cada luminária
Estilete
Régua
Base de corte
Furador com três pontas substituíveis, de 1,5 mm, 3 mm e 4,5 mm de diâmetro
Martelo
Cola resistente de secagem rápida (tipo Super Bonder®) ou fita dupla face

Estas luminárias são inspiradas nos trabalhos em latão perfurado do México e o método utilizado para fazê-las é similar. Você precisará de um furador com três pontas de tamanhos diferentes e de um martelo. Quando a luminária for colocada sobre a lamparina, a luz irá brilhar através dos furos e transformar um pedaço comum de papel em algo incrivelmente belo.

Luminárias
de cartolina branca

1 Use uma fotocopiadora ou o método do papel quadriculado (ver p. 10) para ampliar o molde e o motivo escolhido da página 126 em 200%. Trace o molde e o motivo, assegurando-se de que o motivo esteja centralizado como marcado. Transfira o traçado para a cartolina (ver Traçar, p. 11) e então corte a luminária.

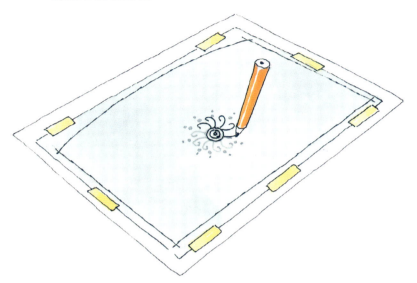

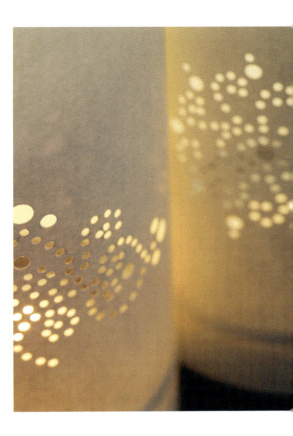

2 Usando o furador e o martelo, comece fazendo os furos ao longo das linhas do motivo. Faça uma série de furos menores ao longo das linhas contínuas e use as pontas de tamanhos diferentes para fazer os furos médios e maiores, como marcado. Tenha certeza de deixar um pequeno vão entre um furo e outro.

3 Enrole a cartolina em formato de cilindro, juntando as laterais com cola ou fita dupla face.

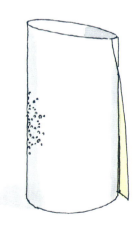

Objetos de decoração **117**

Moldes

Veja a página 10 para instruções sobre como ampliar os moldes, e a página 11 (Traçar) sobre como transferir os moldes para o papel comum, cartolina ou papel-cartão usando papel vegetal.

Para baixar as versões eletrônicas dos moldes a seguir acesse http://www.octopusbooks.co.uk/templates [em inglês].

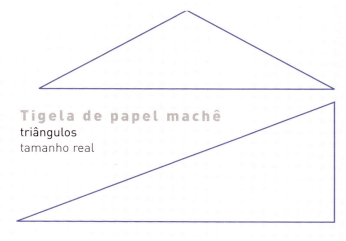

Tigela de papel machê
triângulos
tamanho real

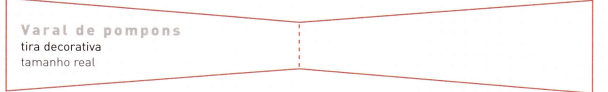

Varal de pompons
tira decorativa
tamanho real

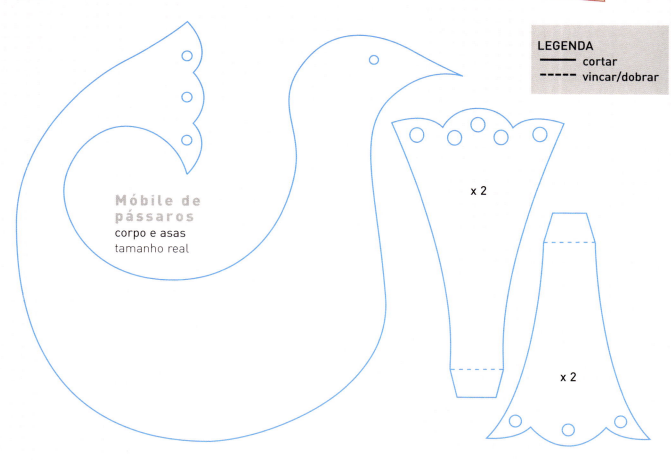

Móbile de pássaros
corpo e asas
tamanho real

LEGENDA
—— cortar
----- vincar/dobrar

118   Arte em papel

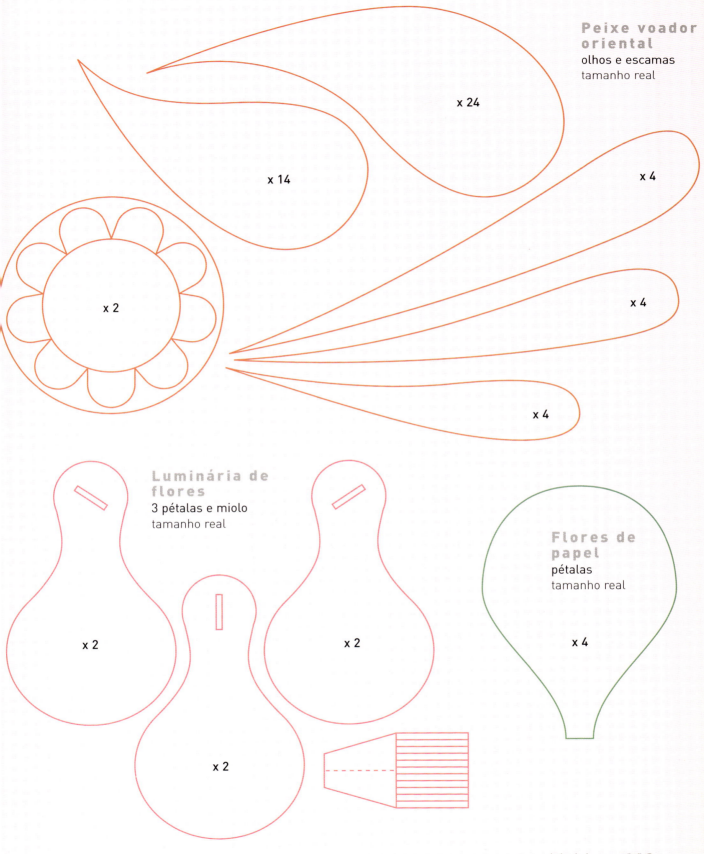

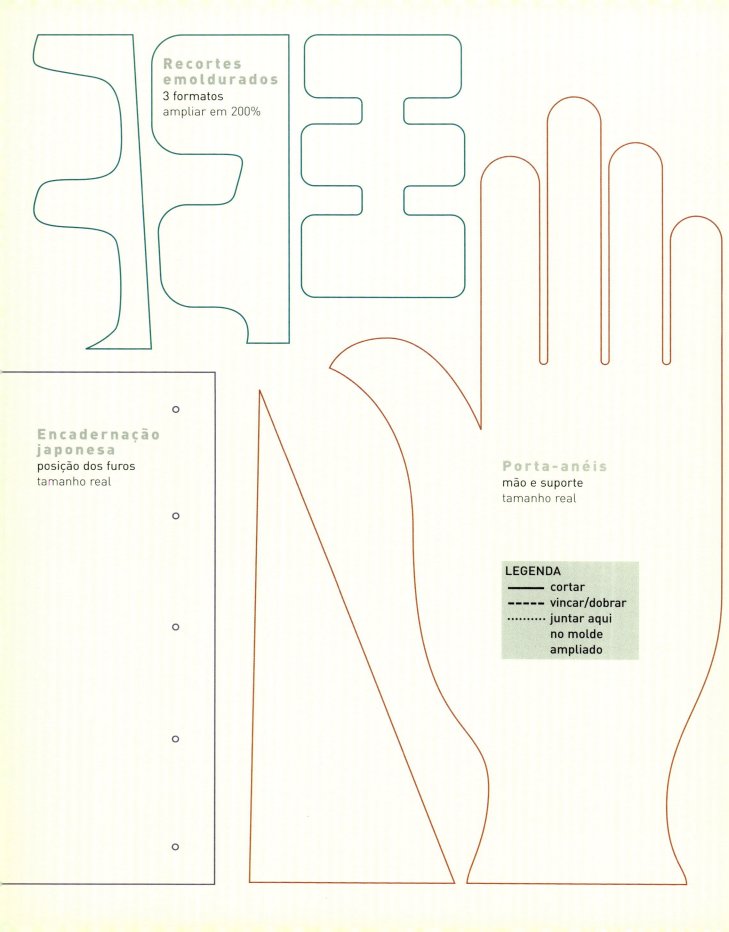

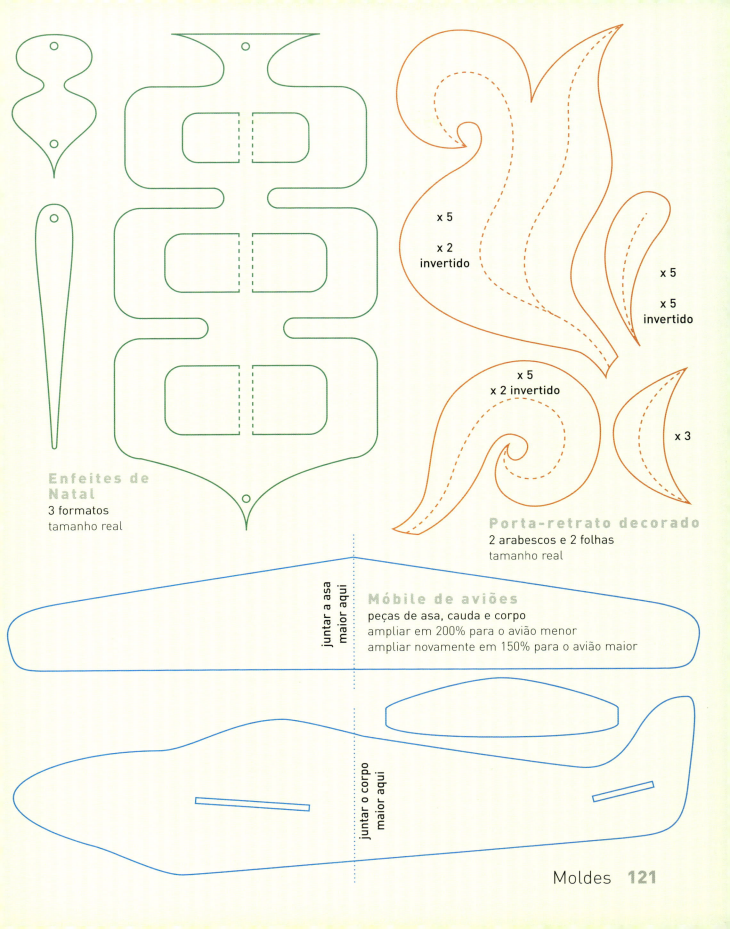

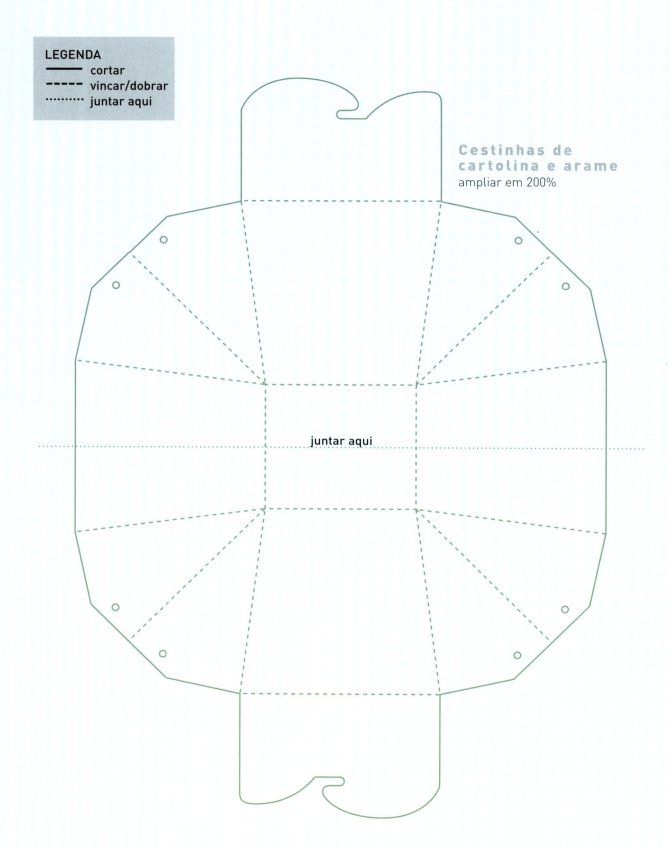

LEGENDA
— cortar
----- vincar/dobrar
.... juntar aqui

Cestinhas de cartolina e arame
ampliar em 200%

juntar aqui

122 Arte em papel

Estrela escultural
ponta da estrela
ampliar em 200%

Icosaedros empilhados e Estrela escultural
peça do icosaedro
ampliar em 200%

Gaveteiro com découpage
7 formatos
tamanho real

Moldes 123

Porta-cartas de papel ondulado
ampliar em 200%

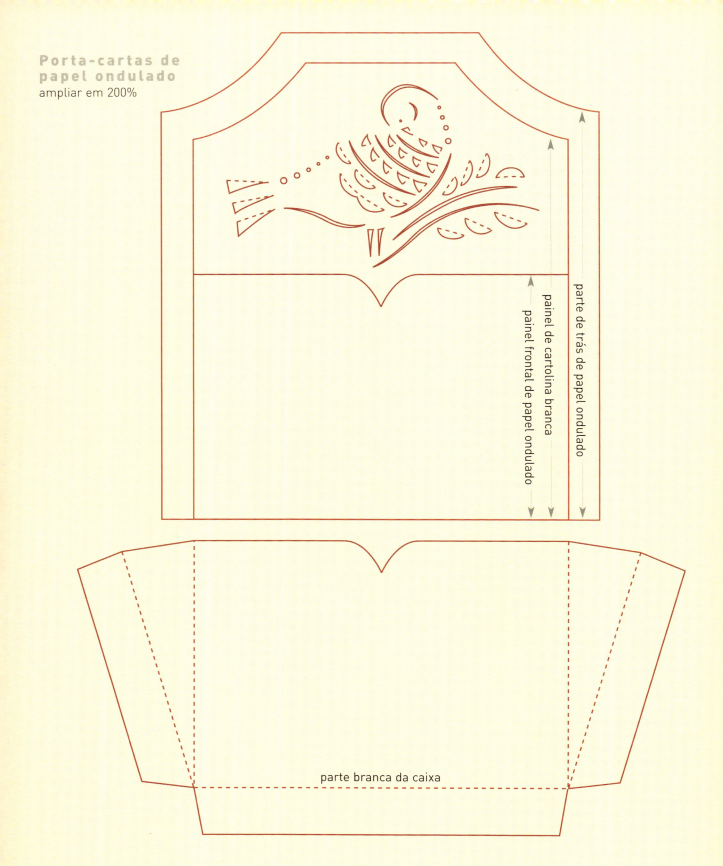

124 Arte em papel

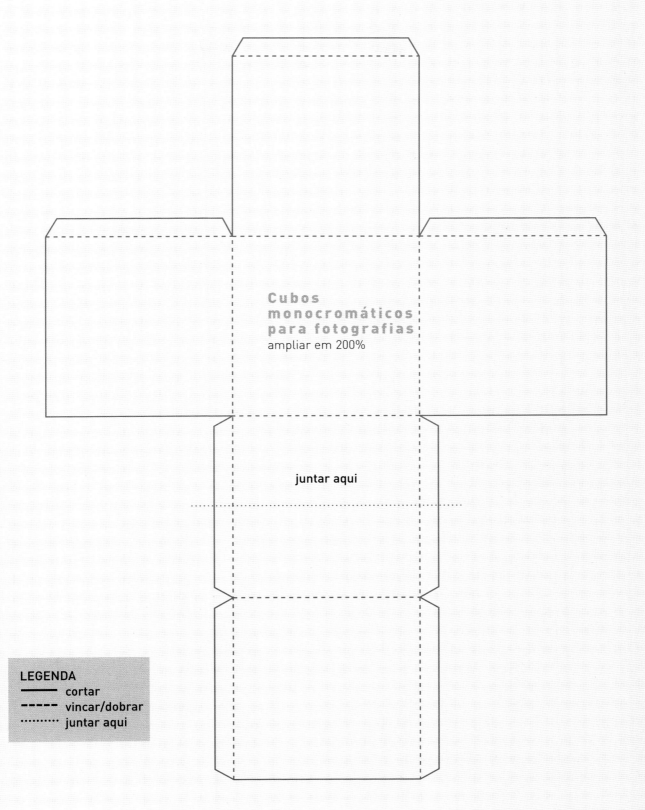

Moldes **125**

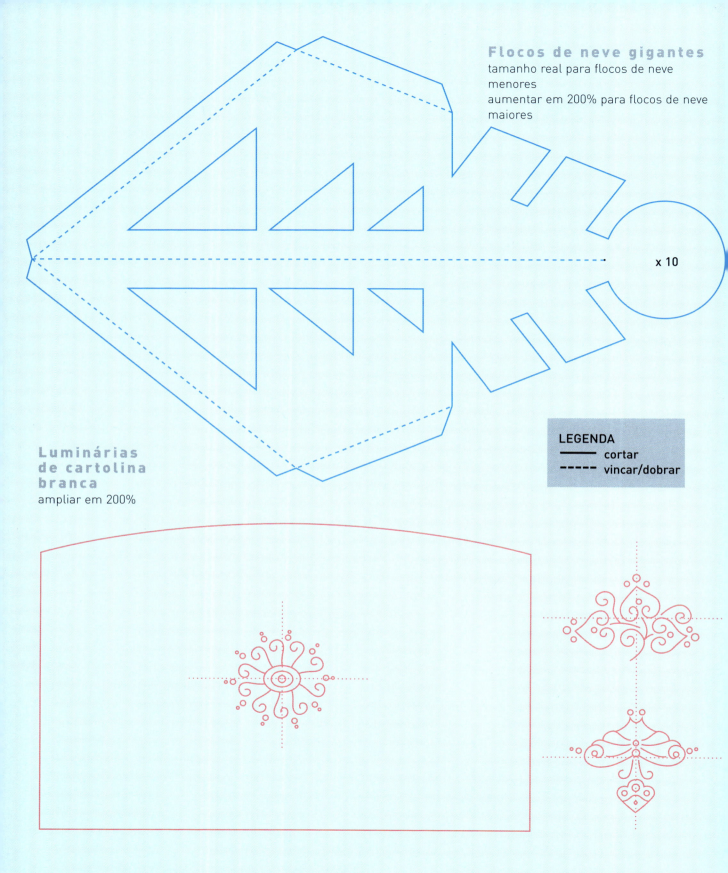

Índice remissivo

A
ampliar os moldes 10
arame
  cestinhas de cartolina
  e arame 86-9

B
base de corte 11
biruta 22-5
bordado, papel 9

C
camurça, papel 9
cartolina metálica
  flocos de neve gigantes
  110-3
cartolina perfurada
  luminárias de cartolina
  branca 114-7
cascata prateada 30-3
cestinhas de cartolina e
  arame 86-9
chiyogami, papel 9
cola
  de PVA 9
  de secagem rápida 9
  em bastão 9
  em spray 9
  transparente 9
cortar
  papel 11
  papelão 11
cubos monocromáticos
  para fotografias 76-9

D
découpage 6
  gaveteiro com
  découpage 90-3
dobradeira de osso 8
doces
  piñata festiva 46-9

E
encadernação japonesa
  52-5
enfeite tipo cascata 30-3
enfeites de Natal 42-5
  flocos de neve gigantes
  110-3
estilete 11
estrela escultural 98-101

F
ferramentas 8-9
fitas adesivas 9
  fita crepe 9
  fita de celofane 9
  fita dupla face 9
flocos de neve gigantes
  110-3
flores e enfeites 12-49
flores de papel 64-7
folha de prata
  cascata prateada 30-3
fotografias
  cubos monocromáticos
  para fotografias 76-9
furadores 8
  furador rotativo 8

G
gaveteiro com
  découpage 90-3

I
icosaedros empilhados
  60-3
impressos e recortes 50-
83

J
japonesa, encadernação
  52-5
jornal

piñata festiva 46-9
  tigela de papel machê
  94-7

L
lamparinas 26-9
letras em 3D 68-71
livros, páginas de 6
luminária(s)
  de cartolina branca
  114-7
  de flores 18-21

M
mapas 6
  móbile de aviões 72-5
materiais 9
móbile
  de aviões 72-5
  de pássaros 34-7
mobília
  gaveteiro com
  découpage 90-3
moldes 118-26
  ampliar 10
  traçar 11

O
objetos de decoração 84-
117
osso, dobradeira de 8

P
páginas de livros 6
  flores de papel 64-7
papel(éis)
  bordado 9
  camurça 9
  chiyogami 9
  cortar 11
  de presente 6
  dobrar 11

  feitos à mão 9
  gramaturas 9
  marmorizados 9
  para desenho 9
  reciclado 6
  texturizados 9
  tipos 9
  traçar 11
  vincar 11
  washi 9
papel-cartão
  dobrar 11
  gramaturas 9
  vincar 11
papel de seda 6
  lamparinas 26-9
  peixe voador oriental
  22-5
  recortes emoldurados
  56-9
  varal de pompons 14-7
papel dourado
  lamparinas 26-9
papel estampado 9
  cestinhas de cartolina
  e arame 86-9
  cubos monocromáticos
  para fotografias 76-9
  enfeites de Natal 42-5
  estrela escultural 98-
  101
  icosaedros empilhados
  60-3
  luminária de flores 18-
  21
  móbile de pássaros 34-
  7
  porta-anéis 38-41
papel impresso 6
  flores de papel 64-7
papel machê
  piñata festiva 46-9

tigela de papel machê 94-7
papel pardo
  tigela simples 106-9
papel translúcido 9
  lamparinas 26-9
partituras 6
peixe voador oriental 22-5
piñata festiva 46-9
pincel 8
placa de espuma
  móbile de aviões 72-5
  porta-anéis 38-41
pompons, varal de 14-7

porta-anéis 38-41
porta-cartas de papel ondulado 80-3
porta-retrato decorado 102-5
prendedores de roupa 8
presente, papel de 6

R
recortes de papel 6, 50-83
  encadernação japonesa 52-5
  gaveteiro com découpage 90-3

letras em 3D 68-71
recortes emoldurados 56-9
réguas 11
roupas, prendedores de 8

S
seda, papel de 6
spray, cola em 9

T
técnicas 10-1
tesoura 11

texturizados, papéis 9
tigela
  de papel machê 94-7
  simples 106-9
traçar 11

V
varal de pompons 14-7
vincar 11

W
washi, papéis 9

Agradecimentos

Fotografia © Octopus Publishing Group Ltd/Sandra Lane

Estampa de pássaro p. 27 e 102 http://www.roddyandginger.co.uk

Editor executivo Katy Denny/Jo Lethaby
Editor sênior Fiona Robertson
Editor executivo de arte Sally Bond
Designer Janis Utton
Ilustradores Kate Simunek/Sudden Impact Media
Gerente de produção Carolin Stransky